5me ANNÉE — LVI — 31 AOUT 1889

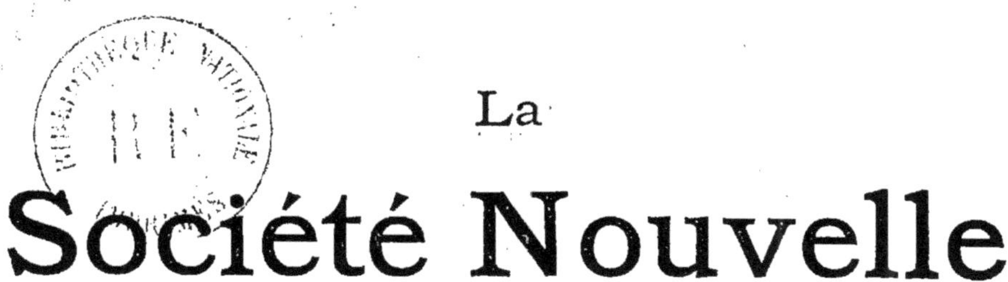

La
Société Nouvelle

Revue internationale

Sommaire

PARIS
ALBERT SAVINE
18, rue Drouot, 18

BRUXELLES
BUREAUX:
26, rue de l'Industrie, 26

1889

LA
SOCIÉTÉ NOUVELLE
REVUE INTERNATIONALE
SOCIOLOGIE, ARTS, SCIENCES, LETTRES

Chaque numéro de la revue contient :

Des articles de science sociale, de philosophie, d'histoire, de critique, appréciant les faits d'actualité, une étude littéraire ou artistique, une nouvelle, des traductions de chefs-d'œuvre étrangers, un article scientifique, un courrier parisien, des chroniques étrangères, une lettre politique et sociale, des critiques littéraire, artistique, philosophique, un bulletin social, qui forme un résumé complet du mouvement social international, une revue bibliographique, où il est rendu compte des livres et articles importants édités à l'étranger, une revue de la presse, une chronique de l'art et du livre, où sont succinctement analysés les livres récemment parus, les pièces de théâtre, les concerts, les expositions. Enfin, les faits les plus importants du mois.

Le lecteur pourra suivre d'une manière exacte et approfondie l'évolution sociale, artistique et littéraire, tant à l'étranger que dans notre pays.

La *Société Nouvelle* paraît chaque mois en livraison de quatre-vingts à cent pages, imprimées avec grand luxe sur papier fort, en caractères elzéviriens ; elle forme par an deux beaux volumes de plus de cinq cents pages chacun.

PRINCIPAUX COLLABORATEURS

Camille Lemonnier. — Edmond Picard. — Victor Arnould. — J.-K. Huysmans. — Léon Cladel. — Georges Eekhoud. — E. Reclus. — Emile Verhaeren. — Jules Brouez. — Henry George. — A. De Potter. — Jules Putsage. — E. Pignon. — F. Borde. — E. Hins — Dr Louis Büchner. — Hector Denis. — César De Paepe. — — G. Degreef. — F Nautet. — H. Maubel. — J. Vandrunen. — Louis Delattre. — Octave Maus. — Jules Destrée — Eugène Demolder. — Georges Rodenbach. — Eugène Robert. — G. Lorand. — R.-Ubaldo Quinones. — F. Domela Nieuwenhuis — L. Bridel. — H. Brissac. — Jean Bernard. — J. Sketchley. — James Stranger. — Paul Combes. — Max Sulzberger. — A. Bebel. — Jean Volders. — Dr Löwenthal. — Jean Bovio — Auguste Specht. — A. Cornette. — E.-L. de Marinis. — Ferri. — Bradlaugh. — Napoleone Colajanni. — Dr Albert Regnard. — Schaeffle. — Eugène Lagrange. — Ferdinand Labarre. — O. Méténier. — Maurice Frison. — C. Demblon. — Ph. Linet. — Paul Heusy. — Benoît Malon. — Abel Hovelacque. — Dr Letourneau. — Georges Meusy. — Frédéric Tufferd, etc., etc.

Directeurs : Fernand Brouez et Arthur James.

LA REVUE NE PUBLIE RIEN QUE D'INÉDIT

PRIX D'ABONNEMENT :

Belgique : Un an : **10** francs. — *Etranger* (Union postale) : **12** francs

PRIX DU NUMÉRO

Belgique : **1** franc. — *Etranger* : **1** franc **25** centimes.

Paris : Albert Savine, Nouvelle libraire parisienne, 18, rue Drouot.
Amsterdam : Feikema et Cie, Librairie française, Heerengracht, 231.
Genève : H. Stapelmohr, Corraterie, 24.
Bruxelles : Administration générale, 18, rue d'Edimbourg.

Pourquoi sommes-nous anarchistes?

Les quelques lignes qui suivent ne constituent pas un programme. Elles n'ont d'autre but que de justifier l'utilité qu'il y aurait d'élaborer un projet de programme qui serait soumis à l'étude, aux observations, aux critiques de tous les révolutionnaires communistes.

Peut-être cependant renferment-elles une ou deux considérations qui pourraient trouver leur place dans le projet que je demande.

Nous sommes révolutionnaires parce que nous voulons la justice et que partout nous voyons l'injustice régner autour de nous. C'est en sens inverse du travail que sont distribués les produits du travail. L'oisif a tous les droits, même celui d'affamer son semblable, tandis que le travailleur n'a pas toujours le droit de mourir de faim en silence : on l'emprisonne quand il est coupable de grève. Des gens qui s'appellent prêtres essaient de faire croire au miracle pour que les intelligences leur soient asservies ; des gens appelés rois, se disent issus d'un maître universel pour être maître à leur tour ; des gens armés par eux taillent, sabrent et fusillent à leur aise ; des personnes en robe noire qui se disent la justice par excellence condamnent le pauvre, absolvent le riche, vendent souvent les condamnations et les acquittements ; des marchands distribuent du poison au lieu de nourriture, *ils tuent en détail au lieu de tuer en gros* et deviennent ainsi des capitalistes honorés. Le sac d'écus, voilà le maître, et celui qui le possède tient en son pouvoir la destinée des autres hommes. Tout cela nous paraît infâme et nous voulons le changer. Contre l'injustice nous faisons appel à la révolution.

Mais « la justice n'est qu'un mot, une convention pure », nous dit-on. « Ce qui existe, c'est le droit de la force ! » Eh bien, s'il en est ainsi, nous n'en sommes pas moins révolutionnaires. De deux choses l'une : ou bien la justice est l'idéal humain et, dans ce cas, nous la revendiquons pour tous ; ou bien la force seule gouverne les sociétés et, dans ce cas, nous userons de la force contre nos ennemis. Ou la liberté des égaux ou la loi du talion.

Mais pourquoi se presser ? nous disent tous ceux qui, pour se dispenser d'agir eux-mêmes, attendent tout du temps. La lente évolution des choses leur suffit ; la révolution leur fait peur. Entre eux et nous l'histoire a prononcé. *Jamais aucun progrès soit partiel, soit général ne s'est accompli par simple évolution pacifique, il s'est toujours fait par révolution soudaine.* Si le travail de préparation s'opère avec lenteur dans les esprits, la réalisation des idées a lieu brusquement : l'évolution se fait dans le cerveau, et ce sont les bras qui font la révolution.

Et comment procéder à cette révolution que nous voyons se préparer lentement dans la Société et dont nous aidons l'avènement par tous nos efforts ? Est-ce en nous groupant par corps subordonnés les uns aux autres ? Est-ce en nous constituant comme le monde bourgeois que nous combattons en un ensemble hiérarchique, ayant ses maîtres responsables et ses inférieurs irresponsables, tenus comme des instruments dans la main d'un chef ? Commencerons-nous par abdiquer pour devenir libres ? Non, car nous sommes des anarchistes, c'est-à-dire des hommes qui veulent garder la pleine responsabilité de leurs actes, qui agissent en vertu de leurs droits et de leurs devoirs personnels, qui donnent à un être son développement naturel, qui n'ont personne pour maître et ne sont les maîtres de personne.

Nous voulons nous dégager de l'étreinte de l'État, n'avoir plus au dessus de nous de supérieurs qui puissent nous commander, mettre leur volonté à la place de la nôtre.

Nous voulons déchirer toute loi extérieure, *en nous tenant au développement conscient des lois intérieures de toute notre nature.* En supprimant l'État, nous supprimons aussi toute morale officielle, sachant d'avance qu'il ne peut y avoir de la moralité dans l'obéissance à des lois incomprises, dans l'obéissance de pratique dont on ne cherche pas même à se rendre compte. Il n'y a de morale que dans la liberté. C'est aussi par la liberté seule que le renouvellement reste possible.

Nous voulons garder notre esprit ouvert, se prêtant d'avance à tout progrès, à toute idée nouvelle, à toute généreuse initiative.

Mais, si nous sommes anarchistes, les ennemis de tout maître, nous sommes aussi communistes internationaux, car nous comprenons que la vie est impossible sans groupement social. Isolés, nous ne pouvons rien, tandis que par l'union intime nous pouvons transformer le monde. Nous nous associons les uns aux autres en hommes libres et égaux, travaillant à une œuvre commune et réglant nos rapports mutuels par la justice et la bienveillance réciproque. Les haines religieuses et nationales ne peuvent nous séparer, puisque *l'étude de la nature est notre seule religion* et que nous avons le monde pour patrie. Quant à la grande cause des férocités et des bassesses, elle cessera d'exister entre nous. La terre deviendra propriété collective, les barrières seront enlevées et désormais le sol appartenant à tous pourra être aménagé pour l'agrément et le bien-être de tous. Les produits demandés seront précisément ceux que la terre peut le mieux fournir, et la production répondra exactement aux besoins, sans que jamais rien ne se perde comme dans le travail désordonné qui se fait aujourd'hui. De même la distribution de toutes ces richesses entre les hommes sera enlevée à l'exploiteur privé et se fera par le fonctionnement normal de la Société tout entière.

Nous n'avons point à tracer d'avance le tableau de la Société future : *C'est à l'action spontanée de tous les hommes libres qu'il appartient de la créer et de lui donner sa forme, d'ailleurs incessamment changeante comme tous les phénomènes de la vie.* Mais ce que nous savons, c'est que toute injustice, tout crime de lèse-majesté humaine, nous trouveront toujours debout pour les combattre. Tant que l'iniquité durera, nous anarchistes-communistes internationaux, nous resterons en état de révolution permanente.

ÉLISÉE RECLUS.

www.ingramcontent.com/pod-product-compliance
Ingram Content Group UK Ltd.
Pitfield, Milton Keynes, MK11 3LW, UK
UKHW021156230726
13926UKWH00001B/136

Les États-Unis, L'Espagne

et la Presse Française

Par Alberto RUZ

(EGMONT)

PARIS

L. DUPONT, ÉDITEUR

4, RUE DU BOULOI

1898